RÉFUTATION COMPLÈTE

DE L'OPINION OPPOSÉE AU SYSTÈME

DE

FORTS DÉTACHÉS.

SAINT-CLOUD. — IMPRIMERIE DE BELIN-MANDAR.

RÉFUTATION COMPLÈTE

DE L'OPINION OPPOSÉE AU SYSTÈME

DE

FORTS DÉTACHÉS

SOUS LES DEUX RAPPORTS

MILITAIRE ET POLITIQUE,

Par l'auteur de l'ouvrage intitulé :

Du projet de fortifier Paris, ou examen d'un système général de défense.

PARIS,

J. CORRÉARD, ÉDITEUR D'OUVRAGES MILITAIRES,

RUE DE TOURNON, N. 20.

JANVIER 1844.

RÉFUTATION COMPLÈTE

DE L'OPINION OPPOSÉE AU SYSTÈME

DE

FORTS DÉTACHÉS

SOUS LES DEUX RAPPORTS

MILITAIRE ET POLITIQUE.

ÉTAT DE LA QUESTION.

Les *Lettres sur les fortifications de Paris,* que vient de publier M. Arago, ont un grand retentissement dans le public. Cela ne doit surprendre personne : l'illustre académicien jouit d'une réputation trop méritée comme grand géomètre, comme tribun sagement populaire, comme brillant et vigoureux écrivain. A tous ces titres, ses écrits sont aimés du public; ils sont reçus avec avidité, et, soit dit sans métaphore, comme des oracles.

En effet, cet empire d'un esprit éminemment supérieur sur l'opinion se conçoit facilement : cette haute confiance est parfaitement placée en tout ce qui touche aux sciences en général, à tous les grands projets de spéculations et d'industrie nationales.

Quant à la science, ou, si l'on veut, à l'art de la guerre, aux principes sur lesquels reposent les véritables moyens de défense des places, c'est autre chose : sur ce point, l'illustre savant peut errer comme beaucoup d'autres esprits d'ailleurs très-relevés. Il importe donc à cet égard d'éclairer le public, et cela est d'autant plus nécessaire que M. Arago appuie ses raisonnements sur les principales autorités militaires, particulièrement sur Vauban, l'illustre auteur *de l'attaque et de la défense des places.*

Nous espérons démontrer incontestablement que M. Arago est en opposition formelle avec les principes dont nous venons de parler, par conséquent avec Vauban même, qu'il invoque tout spécialement, et cela, évidemment, avec une complète préoccupation d'esprit. On ne peut expliquer autrement la persistance du célèbre académicien dans son erreur : car, quoique non-militaire comme il le dit lui-même, il est véritablement et plus que tout autre capable de juger une question militaire bien posée; c'est-à-dire posée dans les véritables principes.

C'est ce que nous allons essayer de faire. Ce n'est pas seulement d'après notre science propre que nous raisonnerons, mais bien d'après la science des premiers maîtres de l'art, spécialement, comme l'a fait M. Arago, d'après Vauban lui-même; et cependant nous serons conduit, ainsi que déjà nous venons de le dire, à conclure en opposition formelle avec M. Arago.

Pour cela nous n'aurons, comme notre honorable adversaire, qu'à répéter ce que déjà nous avons écrit dans divers opuscules (1) qui, lancés dans le public à l'époque de la grande discussion et sans l'appui d'un nom, y sont demeurés en quelque sorte inaperçus au milieu de l'agitation générale des esprits. Et comment n'en aurait-il pas été ainsi, quand, au dire même de M. Arago, sa brochure sur le même sujet, publiée à la même époque, a eu le même sort ; quand l'opinion éclairée de l'illustre maréchal duc de Dalmatie et celle de plusieurs autres officiers généraux distingués n'ont pas eu le pouvoir de fixer un instant l'attention de la chambre.

Nous ne ferons donc assez généralement que nous répéter, car la vérité ne peut s'exprimer clairement que d'une seule manière ; et du reste nous nous répéterons avec d'autant plus de confiance que sur ce point nous serons, ainsi que nous venons de le dire, encore tout nouveau pour le public, c'est-à-dire pour ceux qui voudront bien prendre la peine de nous lire.

---

(1) Notamment : *Vauban expliqué en ce qui concerne les moyens de défense de Paris.* Chez Corréard, rue de Tournon, 20.

EXPOSÉ

DU SYSTÈME GÉNÉRAL DE DÉFENSE.

Depuis plus d'un demi-siècle que l'art de la guerre, dans ses moyens d'attaque, n'a pas cessé de prendre de l'extension et d'augmenter en puissance, la France, jusqu'à ces derniers temps, n'avait pris aucune mesure pour augmenter ou au moins améliorer ses moyens de défense, déjà si grandement diminués par suite des traités de 1814 et 1815.

Les événements de cette trop mémorable époque avaient pourtant fait songer à nous créer des moyens de résistance plus efficaces que ceux que nous possédons et qui appartiennent à un système de guerre qui n'est plus de nos jours.

D'une part, on avait reconnu l'inutilité de nos nombreuses petites places, disséminées comme au hasard sur nos frontières, et par suite la nécessité d'en élever sur divers points stratégiques dans l'intérieur. Mais, après avoir beaucoup disserté sur ce grave sujet, après avoir produit ou examiné plusieurs projets dans le but proposé sans rencontrer aucun contradicteur, on a continué, très-bénévolement, à entretenir à grands frais nos plus qu'inutiles 150 mauvaises places, absorbant un matériel énorme et 250 à 300 mille hommes de garnison, sans être aucunement susceptibles d'empêcher l'ennemi de pénérer dans l'intérieur du royaume, où nos armées se trouveraient dépourvues de points d'appui, et même d'approvisionnements de guerre de toute espèce, tout étant concentré dans nos places frontières.

D'une autre part, il s'agissait d'enceindre Paris de fortifications; mais cette haute question, tant controversée, resta quelque temps assoupie entre le projet d'une enceinte continue et celui de forts détachés.

« Chacun de ces deux systèmes isolés était entaché de défauts que lui reprochaient les partisans de l'autre système, et la polémique animée, les vives discussions qui eurent lieu, n'avaient abouti qu'à les faire rejeter l'un et l'autre, ou au moins à les délaisser. »

Enfin, le général Rogniat, quelques mois avant sa mort si soudaine, dans sa *Réponse* à notre opuscule ayant pour titre : *Du projet de fortifier Paris, ou Examen d'un système général de défense* (1), avait entièrement abandonné l'un et l'autre projet, et, d'accord avec les principes que nous venions d'invoquer, il s'en tenait à *une enceinte de sûreté*, le mur d'octroi actuel, rectifié et consolidé, et il adoptait une ligne à fortifier beaucoup plus en avant que celle que devaient occuper les forts détachés proposés en premier lieu.

La question politique d'Orient, soulevée en 1840, ayant amené la rupture de l'alliance anglaise, le gouvernement, pressé de se mettre en mesure, prit subitement une résolution : il adopta à la fois les deux systèmes, enceinte continue, et forts détachés.

---

(1) Ces brochures se trouvent chez Corréard, éditeur d'ouvrages militaires, rue de Tournon, 20.

L'enceinte fut tracée sur la ligne que, d'après le projet primitif, devaient occuper les forts, à environ 2,000 mètres du mur d'octroi; et, pour les forts, on adopta la ligne désignée par le général Rogniat, moyennement à plus de 4,000 mètres de l'enceinte continue.

Ce projet, présenté aux chambres en 1841, fut définitivement adopté sans modifications dans ses bases principales, mais non sans une longue et orageuse discussion.

SYSTÈME DES OPPOSANTS

POUR LA DÉFENSE DE PARIS.

Le système des opposants se résume dans l'opinion de M. Arago.

M. Arago « *a toujours été le partisan décidé de l'enceinte continue, et l'adversaire non moins ardent, non moins convaincu, des forts détachés* (1).

» Il aurait voté l'enceinte de grand cœur ; il ne pouvait accorder les forts. A ses yeux, les dangers politiques et militaires inhérents à la ceinture de citadelles primaient de beaucoup, par leur nombre et par leur gravité, les avantages qui devaient résulter de l'exécution de l'enceinte. Il lui était donc impossible d'approuver le projet de loi présenté en 1841. Aussi, lorsqu'il se vit amené à voter *sur la combinaison* de l'enceinte continue et d'une *ceinture de citadelles*, il se joignit sans hésiter aux adversaires de toute fortification, et l'urne reçut de sa main une boule noire. »

En définitive M. Arago caractérise ainsi qu'il suit le but de la fortification de Paris :

« **Il faut que cette ville puisse se défendre à**

(1) Voir sa première Lettre.

l'aide de sa seule garde nationale, de ses ouvriers, des populations des environs et de quelques détachements de troupes de ligne. »

Cette proposition est très-certainement dans les sentiments de nationalité et de patriotisme de tous bons Français, et particulièrement de la brave population parisienne. Mais elle ne satisfait pas entièrement aux véritables principes de la défense, ainsi que nous le verrons ci-après.

L'opinion politique de M. Arago sur les forts détachés est bien aussi celle qui préoccupait très-fortement une des deux parties de la chambre des députés. Cette prévention, très-mal fondée, dominait impérieusement dans la chambre l'opinion militaire, qui ne put même se faire jour. Cependant il y eut transaction tacite entre les deux opinions, et c'est à cette transaction qu'est due l'enceinte *bastionnée* d'une part, les forts détachés de l'autre.

L'honorable député, qui tient plus que jamais à son opinion sur les forts détachés, desquels il voudrait la démolition, accorderait cependant qu'on les conservât si l'on consentait à les ouvrir à la gorge, c'est-à-dire si on les démantelait du côté de la ville, car M. Arago trouve « *que c'est contre toutes les règles de l'art militaire qu'ils ont des fronts bastionnés tournés du côté de Paris.* » Ce qui revient à dire qu'il aurait fallu les disposer de manière à ce que l'ennemi pût dans l'occasion, en tournant ces forts par un brusque coup de main, y pénétrer sans être obligé de les attaquer dans les formes, par conséquent sans qu'il fût nécessaire d'y faire brèche, puisque cette brèche existerait tout naturellement; et voilà ce qui, d'après M. Arago, rentrerait dans les règles de l'art militaire.

Ainsi M. Arago n'a besoin pour défendre Paris et même pour le *rendre imprenable* que de sa simple enceinte continue et bastionnée, ayant près de 40 mille mètres de pourtour ; il y ajouterait seulement un revêtement à la contrescarpe, au moyen des matériaux provenant de la démolition des forts, et un système hydraulique, au moyen duquel il inonderait les fossés à volonté.

Avec ces moyens, M. Arago met avec une entière confiance *la défense de la capitale entre les mains de la garde nationale, des ouvriers, des populations des environs et de quelques détachements de troupes de ligne*. Sa confiance à cet égard est d'autant mieux fondée « que l'armée tiendrait constamment l'ennemi éloigné, et que du reste celui-ci serait toujours dans l'impossibilité d'assiéger Paris, attendu que pour cela il lui faudrait au moins 200 bouches à feu de siége, 10,000 voitures et 50,000 chevaux pour le seul service du parc d'artillerie. »

On voit que, pour ses calculs, M. Arago prend pour base, non le profil et la résistance du corps de place ou de l'enceinte à forcer, mais le périmètre de cette enceinte.

Toutefois, ajoute M. Arago, « si par impossible l'ennemi parvenait à attaquer l'enceinte, à y faire brèche, qu'elle soit praticable, qu'une colonne s'y précipite pour donner l'assaut, la garnison de M. Arago ne s'en effrayera nullement : cette colonne sera arrêtée tout court ; pas un seul de ses hommes ne se montrera sur la brèche sans être tué, si, comme il le propose, l'assiégé se trouve muni du fusil à vapeur, entrevu par Papin, exécuté par M. Girard et perfectionné par Perkins, ou du fusil à vent de M. l'ingénieur Perrot de Rouen, l'un et l'autre de ces fusils projetant à volonté un *flux* de balles douées de plus de vitesse que celle du fusil ordinaire.

M. Arago sait d'ailleurs que lorsque l'assiégé à pu faire un bon retranchement à la gorge du bastion attaqué, l'assaut ne réussit pas, que même il n'est pas tenté. — Et d'après ces diverses dispositions, il reste en toute sécurité.

Quant aux projectiles incendiaires, bombes, obus, fusées de

guerre, M. Arago ne s'en inquiète pas davantage que d'un assaut.

« Aujourd'hui, dit l'illustre académicien, les bombardements font, en général, beaucoup plus de bruit que de mal ; ils ne sont dangereux que là où les besoins de la défense retiennent presque nuit et jour de très-faibles garnisons sur les remparts. Dans les villes populeuses au contraire, surtout quand l'eau y abonde, on organise aisément un service régulier qui empêche le feu de se propager.

» Dans le bombardement de Landau, après une durée de 80 jours, il n'y avait que cinq victimes parmi la bourgeoisie. Les bombardements de Lille, de Thionville, ne furent guère plus meurtriers, proportion gardée ; aussi *les enfants, les femmes, ne s'effrayaient plus de tout ce fracas*.

» Au surplus, ajoute M. Arago, si l'on avait des craintes pour les objets rares que renferment nos monuments, ils pourraient aisément être mis à l'abri. Une ville sur carrière offre à ce sujet des ressources certaines et sans nombre. La population timide, les femmes, les vieillards, les enfants y trouveraient de vastes refuges, où toutes les bombes de l'univers ne sauraient les atteindre. »

Telles sont les chances extrêmes auxquelles M. Arago veut livrer la population parisienne ; telle est la position qu'en cas de guerre il voudrait faire à Paris plutôt que d'accepter les forts détachés, qui, quoi qu'en dise et qu'en puisse dire notre célèbre géomètre, sont faits pour garantir la capitale de tous les dangers auxquels, sans cette première ligne de défense, il voudrait l'exposer ; et cela parce qu'il croit les forts susceptibles de devenir, dans l'occasion, *des instruments de tyrannie et d'asservissement*.

Mais revenons aux effets d'un bombardement dont les forts

situés en avant de l'enceinte continue ont pour objet principal de garantir la capitale.

Vauban, dont l'honorable M. Arago invoque l'autorité avec tant d'insistance et si à contre-sens, comme nous le verrons bientôt, n'était pas aussi rassuré à ce sujet que l'illustre académicien. Vauban, qui pourtant ne pouvait pas alors prévoir que l'artillerie parviendrait à lancer des obus, des bombes et surtout des fusées incendiaires à 6,000 mètres, s'exprime comme il suit dans son *Mémoire sur l'importance dont Paris est à la France* :

« L'usage des bombes s'est rendu si familier et si terrible dans ces derniers temps, que l'on peut le considérer **comme un moyen très-sûr pour réduire la capitale à tout ce que l'ennemi voudra, avec une armée assez médiocre, toutes les fois qu'il ne sera question que de se mettre à portée de la bombarder**; car il n'y a point de ville en Europe, ni peut-être dans le monde, où l'effet des bombes soit plus à craindre qu'à Paris. »

On voit donc que l'opinion de Vauban n'était pas que « les bombardements font en général beaucoup plus de bruit que de mal. » C'est que probablement de son temps les femmes et les enfants ne voyaient pas l'effet meurtrier et incendiaire des bombes avec autant de bravoure et de sang-froid que les femmes et les enfants de notre temps, suivant l'assurance qu'en donne M. Arago.

Au surplus, pour incendier une ville populeuse, il n'est pas indispensable d'employer des mortiers et des bombes, dont le nombreux et lourd attirail, ainsi que le fait remarquer M. Arago, exige des moyens tout autres que ceux d'un équipage de campagne, et surtout un temps qui n'est pas toujours donné à l'agresseur.

« Nous avons vu, en 1809, une capitale, la ville de Vienne, se rendre à la lueur de trois incendies qui venaient d'éclater sous le feu d'une trentaine d'obusiers de campagne que l'empereur Napoléon avait fait mettre en batterie à la faveur des maisons des faubourgs ; et cela, *malgré une excellente enceinte de siége,* et au moment où le prince Charles accourait à son secours par la rive gauche du Danube.

« Il fallait jadis le lourd attirail des mortiers et des bombes pour brûler une ville ; plus tard les obusiers, que leur légèreté permit de comprendre dans l'artillerie de campagne, multiplièrent les moyens d'incendie. De nos jours, l'invention des fusées incendiaires est venue ajouter une nouvelle énergie à ces terribles fléaux. Les fusées ont l'avantage sur les bombes d'atteindre plus loin, puisqu'elles volent parfois jusqu'à 3,400 et même 4,000 mètres ; de mettre le feu plus sûrement, et surtout de substituer aux lourdes batteries de mortiers des appareils qui se posent facilement. Si nous ne tenons point l'ennemi éloigné de la place, qui l'empêchera de dresser de nombreux chevalets en quelques heures, à la faveur des maisons extérieures, et de lancer, en une seule nuit, jusqu'au cœur de la cité, plusieurs milliers de fusées, pour faire éclater presque au même moment une multitude d'incendies d'autant plus redoutables que l'attaque. pouvant être inopinée, ne laisserait pas le temps de prendre les précautions ordinaires pour les éteindre? Se figure-t-on l'effroi, le désordre, la consternation de cette opulente et populeuse cité, et la position critique des gardes nationaux répartis sur l'enceinte, l'ennemi en face, et par-derrière l'incendie qui dévore leurs maisons, leur fortune, leur famille? » — (Général Rogniat, pages 8 et 9 de sa Réponse à l'auteur de l'ouvrage intitulé : *Du projet de fortifier Paris*).

Voici une autre autorité qui ne mérite pas moins de confiance ; Copenhague, en 1807, l'a trop bien appris.

Dans le *Traité des fusées de guerre* du général Congrève, imprimé à Londres en 1827, traduction française, p. 14 (1), on trouve le passage suivant :

« Le calibre des fusées, dont on peut faire usage à la guerre, n'est pas limité à 3 ou 6 livres ; car, d'après les mêmes moyens, l'artillerie peut être approvisionnée de manière à entrer en campagne sans autre attirail que quelques voitures chargées de fusées du calibre de 12 et même de 18 livres.

» La fusée à carcasse, même la plus grosse, peut être portée par l'infanterie : chaque homme en porterait une de 32 livres. Il s'ensuit que, dans une armée de siége très-ordinaire, dix mille fusées à carcasse, équivalentes, pour le contenu des matières incendiaires, à des projectiles creux de 10 pouces de circonférence, peuvent être lancées dans une ville en une seule nuit, sans les secours de tranchées, de batteries, de mortiers, et sans occasionner les délais d'un siége régulier.

» Pendant ce court intervalle, elles lancent autant de matières combustibles que l'on pourrait en jeter au moyen de dix mille coups de mortiers de 10 pouces dans un siége suivi d'un mois, et par conséquent avec un effet proportionnellement plus grand, en raison du temps que l'on gagne.

» Pour ce moyen simple et formidable de bombardement, il n'y a ni approvisionnements divers, ni attirails nombreux,

(1) A Paris, chez J. Corréard, éditeur d'ouvrages militaires.

point de lourdes bouches à feu, affûts, plate-formes, etc.; il suffit de quelques embrasures faites en différents endroits, ou même, ce qui est plus simple encore et assure le même résultat, de quelques trous pratiqués dans la terre, avec une tarrière de mineur, et disposés de manière à recevoir la baguette de la fusée afin qu'on puisse l'ajuster; et cependant, malgré cette extrême simplicité d'application, la portée de ces fusées à bombardement n'est pas au-dessous de 3,600 mètres. »

Ces assertions sont suffisamment confirmées par des expériences, mais il n'est pas nécessaire d'y avoir recours. Nous ferons seulement des voeux pour que ce nouveau projectile reste encore longtemps, ou plutôt toujours, inconnu à toutes les populations.

Venons au projet de Vauban ayant pour objet d'éviter ce fléau destructeur.

PROJET DE VAUBAN

POUR FORTIFIER PARIS,

EXTRAIT DE SON MÉMOIRE INTITULÉ

De l'importance dont Paris est à la France

(Pages 22 et suivantes, ancienne édition).

« Après y avoir bien pensé, et cherché tous les moyens à tenir pour pouvoir mettre cette grande ville dans une sûreté parfaite contre tous les accidents de guerre qui pourraient la menacer, je n'ai trouvé que l'expédient qui suit de bien raisonnable : il est simple et fort cher à la vérité, mais très-assuré, ainsi qu'on le verra ci-après. Sur quoi il est à remarquer :

» Premièrement, que je n'ai nul égard aux surprises ni aux intelligences particulières, cette ville étant trop peuplée pour que l'on puisse rien entreprendre contre elle sans faire de *gros mouvements de troupes* qui découvriraient tout; joint que ce que j'ai à proposer est directement opposé à toutes les mauvaises subtilités que l'on pourrait mettre en pratique à cet égard.

» Et secondement, que **je ne prétends mettre en avant que ce qui est nécessaire contre la bombarderie, les siéges réglés et les blocus, qui sont les seuls moyens qui paraissent capables de pouvoir réduire la capitale.**

» Venons au fait :

» 1° Réparer les défectuosités de ce qui reste de la vieille enceinte, et achever sa réforme telle qu'elle a été réglée en dernier lieu ; revêtir ce qui ne l'est pas encore, et élever tout son revêtement de trente-six à quarante pieds au-dessus du fond du fossé; la flanquer simplement par les vieux bastions et grosses tours, telles qu'elles se trouveront sur pied ; sinon, en faire de nouvelles aux endroits où il en manquera, et les espacer de six-vingts toises l'une de l'autre.

» 2° Bien et proprement terrasser ladite enceinte, la rendre capable de porter un parapet à épreuve du canon, et environner le tout d'un fossé de dix à douze toises de large, profond de 18 à 20 pieds réduits, avec ses bords revêtus s'il est possible : plus, la prolonger de part et d'autre en travers de la Seine au-dessus et au-dessous de Paris, y laissant autant d'arches qu'il en sera nécessaire au passage des eaux ; faire des ponts sur le derrière et des bâtiments sur le devant de ces mêmes arches, pour y mettre à couvert les herses avec les tours servant à leur levée; observer au surplus de raser tous les bâtiments des faubourgs qui approcheront plus près de vingt à trente toises de cette enceinte.

» 3° Cette première enceinte étant mise en sa perfection, en faire une seconde *à la très-grande portée de canon de la première*, c'est-à-dire *à mille ou douze cents toises de distance, occupant toutes les hauteurs convenables*, ou qui peuvent avoir commandement sur la ville, comme celles de *Belleville, de Mont-*

martre, Chaillot, faubourg Saint-Jacques, Saint-Victor, et *toutes les autres qui pourraient lui convenir.*

» 4° Bastionner ladite enceinte ou l'armer de tours bastionnées; la très-bien revêtir et terrasser, et lui faire un fossé de 18 à 20 pieds de profondeur sur 10 à 12 toises de longueur, revêtu de maçonnerie.

» 5° Prolonger ladite enceinte et la continuer en travers de la rivière, comme la première, afin d'éviter le défaut par lequel Cyrus prit Babylone. »

Tel était le projet de Vauban.

Or, n'est-il pas évident que, relativement à l'assiette et à l'étendue qu'avait alors Paris, ce projet repose absolument sur les mêmes principes et le même système que celui qui a été adopté.

Ainsi donc n'est-il pas clair comme le jour que Vauban, tout en voulant défendre Paris, et le défendre efficacement, ainsi que nous le verrons ci-après, voulait aussi éviter à cette capitale les dangers d'un *bombardement*, d'un *siége en règle* et d'un *blocus!* Il ne voulait donc pas l'enfermer immédiatement dans une enceinte de siége.

M. Arago est donc, ainsi que nous l'avons annoncé, en opposition formelle avec Vauban, car il voudrait enfermer immédiatement la capitale dans une enceinte de siége.

Nous ne voyons pas que l'on puisse contester cette conclusion.

En effet, quel est l'objet que Vauban veut garantir? C'est évidemment la capitale.

Par quel moyen veut-il la garantir d'un *bombardement*, d'un *siége en règle*, d'un *blocus?* Est-ce avec la vieille enceinte de Paris restaurée, c'est-à-dire la première enceinte de son projet? Non sans doute; car, avec elle seule, Paris aurait pu être bombardé, assiégé et bloqué; ceci est incontestable.

Qu'est-ce donc qui, dans le projet de Vauban, *était nécessaire contre la bombarderie, les siéges en règle et les blocus ?*

Evidemment c'était sa seconde enceinte, située « *à la très-grande portée de canon de la première,* occupant toutes les hauteurs convenables. »

La première enceinte de Paris n'était donc, dans le projet de Vauban, *qu'une simple enceinte de sûreté;* et il reportait ses moyens de défense dans sa seconde enceinte.

Nous allons nous convaincre que le système proposé par le gouvernement, adopté par les chambres et en cours d'exécution, est au fond dans les véritables principes du projet de Vauban; qu'il n'en diffère que dans la forme, et, par suite, que le maréchal Soult et le général Rogniat sont restés parfaitement d'accord avec notre grand et illustre ingénieur, le maréchal Vauban.

OPINION DU MARÉCHAL SOULT

ET DU GÉNÉRAL ROGNIAT

SUR LES MOYENS DE DÉFENSE DE PARIS.

Voici en quels termes M. le maréchal duc de Dalmatie s'est exprimé à ce sujet à la Chambre des députés, séance du 22 janvier 1841.

« **Je pense que la défense de Paris doit être tout extérieure, et qu'elle sera plus ou moins efficace selon qu'elle s'en éloignera.**

» Que si au contraire cette défense se rapprochait plus ou moins de Paris, les dangers de la capitale augmenteraient dans la même proportion.

» Il est pour moi évident qu'en transportant le plus loin possible au dehors la défense de Paris, et lui donnant une base solide, comme je suppose que je pourrais l'obtenir par l'établissement de mon camp retranché, ayant pour appui les doubles têtes de pont de Saint-Denis et Charenton, j'obligerais l'ennemi, quelque nombreux qu'il fût, à s'en tenir très-éloigné, et si cependant il osait se livrer à quelque entreprise pour se porter sur Paris, il ne pourrait le faire qu'en me passant sur le corps, ce qui ne serait pas facile, en raison de la valeur des troupes et des ouvrages de fortifications permanentes auxquelles elles s'appuieraient; ou bien en s'étendant au loin par un grand mouvement qui d'abord exigerait des forces considérables et ne pourrait s'exécuter sans qu'il s'exposât à voir ses colonnes coupées et enlevées en raison du détour que je l'obligerais à faire.

» J'ai dit que plus la défense se rapprocherait de Paris plus le danger de la capitale augmenterait. Cette proposition est d'une telle évidence, qu'il suffit, je crois, de l'énoncer pour en faire la démonstration.

» En effet, l'on comprendra que, si l'investissement devenait praticable et s'effectuait, les approvisionnements cesseraient d'arriver ; que dès lors les consommations journalières affecteraient la réserve d'intérieur, et comme elles sont forcément exagérées, le terme de leur cessation pourrait s'indiquer à l'avance.

» Et pourtant c'est là le moindre inconvénient. Il en est encore un plus grand que la prudence commande de prévoir, c'est celui de la confusion qui résulterait inévitablement de ce refoulement de troupes et de matériel, même de population, vers Paris, où, malgré l'enceinte, l'on serait forcé de tout recevoir, ne fût-ce que pour dégager le feu de l'artillerie placée sur les remparts.

» Dans ce cas, que l'on se figure le désordre inévitable qui pourrait résulter de cette confusion et les conséquences graves qui en ressortiraient. En pareille circonstance la police de l'intérieur pourrait se trouver très-embarrassée, quel que fût son dévouement, quelque concours qu'elle reçût de l'admirable et courageuse garde nationale.

» C'est en vue de ces conséquences que je m'étais décidé à porter la défense de Paris à l'extérieur, le plus loin possible, et que je n'avais attaché qu'une importance secondaire à la nature de l'enceinte qui serait élevée autour de Paris. Selon moi, *il était suffisant qu'elle fût de sûreté,* et toutefois défendable pour prévenir les surprises. Dans mon système, je pensais aussi qu'elle ne devrait être entreprise qu'après l'achèvement du camp retranché et des fortifications de Charenton, de Saint-Denis, du Mont Valérien, etc., etc.; en attendant, l'enceinte de l'octroi actuel, améliorée, me rassurait suffisamment. »

Eh bien! n'est-il pas de la plus grande évidence que le maréchal Soult ne veut que ce que voulait Vauban?

La première enceinte de Vauban, vieille enceinte restaurée de Paris du moyen âge, était son *mur de sûreté.*

Le mur d'octroi actuel, ou bien mieux le mur construit sur la ligne désignée pour l'enceinte bastionnée alors en projet, est le *mur de sûreté* du maréchal.

La seconde enceinte de Vauban, qui devait occuper à peu près la même ligne que celle que nous venons d'indiquer pour le mur de sûreté dans le projet du maréchal, est remplacée, dans ce même projet, par des forts, forteresses et retranchements permanents, beaucoup plus avancés, et par conséquent garantissant encore bien mieux la capitale d'un bombardement et d'un blocus.

Si nous en venons présentement au projet du général Rogniat nous trouverons que, pour les principes et le système, ce sont les mêmes que ceux du maréchal Soult et par conséquent que ceux de Vauban.

Le général a développé ce projet dans sa *Réponse à l'auteur de l'ouvrage intitulé :* Du projet de fortifier Paris, ou Examen d'un système général de défense (1).

(1) Paris, décembre 1839, chez Corréard, éditeur d'ouvrages militaires.

Le général examine d'abord le cas où Paris, abandonné à ses propres forces, serait réduit à se défendre dans une enceinte de siége.

« Le blocus de la capitale serait d'autant plus facile que l'assiégeant n'aurait plus affaire qu'à une simple garnison, et Paris, une fois bloqué, serait bien près de se rendre. Remarquons en effet qu'on y aurait un million de bouches à nourrir journellement, et des bouches très-peu faites aux privations inévitables de l'état de siége; remarquons aussi que le gouvernement ne peut se laisser renfermer dans la place; ce serait sa mort, puisqu'il s'y trouverait privé de toute communication avec le reste de la France, dans le moment le plus critique; remarquons de plus que les batteries incendiaires feraient converger leurs feux de tous les points de l'horizon jusqu'au cœur de cette malheureuse cité. Ainsi, dans le même moment, privations des aisances de la vie, stupeur générale causée par la fuite du gouvernement, et des incendies éclatant de toutes parts. Certes le parti des mécontents, grossi de jour en jour au milieu des malheurs publics, aurait beau jeu pour ouvrir les portes à l'ennemi. Je ne vois pas, quant à moi, comment une garnison noyée au milieu d'une population immense de mécontents et une garde nationale divisée, chancelante, accablée de privations par la cessation du travail, et bientôt affamée, pourraient faire une longue résistance.

» Au reste, admettons, contre toute vraisemblance, que la place de Paris soutienne vingt à trente jours de blocus et de siége; de bonne foi, peut-on espérer que, dans ce laps de temps, une armée assez affaiblie et assez désorganisée pour se voir obligée d'abandonner la capitale et de se réfugier derrière la Loire, privée du secours de la moitié de la France envahie par l'ennemi, se rétablisse et s'augmente assez promptement pour reprendre l'offensive et venir débloquer la place de Paris?

» **Je ne veux donc pas convertir Paris en une immense place de guerre par une enceinte de siége.**

» L'insuffisance d'une simple enceinte, quelque consistance qu'on lui donne, étant bien démontrée pour soutenir l'armée défensive, lui permettre de s'exercer, de manœuvrer et d'empêcher le blocus et pour protéger la ville contre les batteries incendiaires, examinons si nous n'obtiendrions pas tous ces avantages importants en la faisant précéder d'une vaste ceinture de forts avancés.

» Sans entrer dans des détails techniques, qui seraient déplacés ici, je me bornerai à rappeler ce que tout le monde connaît.

» On sait que de la Marne à la Seine, ce côté probable de l'arrivée des colonnes ennemies, règne une superbe position de quatre lieues d'étendue entre Nogent et Saint-Denis. La clef de cette position est le beau plateau de Nogent à Romainville et Pantin, dont il faudrait occuper les contre-forts par cinq forts assez consistants pour résister aux attaques de vive force d'une armée, assez grands pour renfermer les établissements voûtés à l'épreuve, nécessaires à une défense isolée; savoir :

» Le premier au-dessus de Nogent; le deuxième sur la gauche de Fontenay; le troisième au-dessus de Rosny; le quatrième en avant de Romainville, et le cinquième au-dessus de Pantin.

» On ferait de Saint-Denis une place forte; le milieu de la plaine entre Saint-Denis et Pantin serait protégé par un fort en avant d'Aubervilliers. Le canal de Saint-Denis, qui se joint à celui de l'Ourcq, ferme la plaine en arrière.

» De Saint-Denis au pont de Sèvres, la Seine couvre les approches de Paris sur quatre lieues d'étendue; il suffirait d'éclairer et de défendre son cours par quatre fortins élevés sur la rive droite.

» Sur la rive gauche de la Seine, on occuperait les hauteurs de Meudon par un bon et grand fort qui deviendrait la clef de cette position. De là, jusqu'aux hauteurs d'Ivry, cinq forts placés presque en ligne droite suffiraient pour assurer de ce côté la défense éloignée.

» Le dernier, celui au-dessus d'Ivry, se lierait à Charenton, dont on ferait une petite place. L'isthme de Saint-Maur, formé par une grande sinuosité de la Marne, serait occupé par un bon fort qui terminerait notre cordon défensif.

» Ce cordon, formé de dix-sept forts et de deux petites places, est formé par des lignes continues sur les trois cinquièmes de son pourtour; savoir : la Marne, de Charenton à l'isthme de Saint-Maur, et de l'isthme à Nogent; le canal de Pantin à Saint-Denis, qu'on renforcerait au besoin de quelques ouvrages de campagne pour défendre ses écluses transformées en barrage; enfin la basse Seine, de Saint-Denis au pont de Sèvres.

» En avançant ces forts autant que je l'indique, on obtient l'avantage de les sortir de ce réseau de maisons qui obstruent les avenues de la capitale, de tenir les batteries incendiaires entièrement hors de portée de la ville, et surtout, ce qui est essentiel, de rendre à peu près impossible l'investissement de Paris.

» En empêchant le blocus, il est évident que nous avons gain de cause. L'ennemi, en présence d'un camp inexpugnable, ne peut plus rien entreprendre de sérieux.

» Disons maintenant un mot de l'enceinte, qui serait disposée pour soutenir un siége.

» Il faut que cette enceinte, qui exigera une zone de terrain de plus de 250 mètres de large, puisse découvrir et battre tout le terrain en avant d'elle jusqu'à bonne portée des armes, ce qui oblige à l'application stricte de la loi sur les servitudes des places de guerre. Heureusement que, dans notre système, nous pouvons épargner aux habitants de la capitale cette gêne ruineuse, et au gouvernement une partie de cette dépense. *Paris n'étant plus exposé à être assiégé, on peut se borner à une simple enceinte de sûreté*, destinée uniquement à assurer la sécurité des habitants contre les partis ennemis qui, réussissant à se faire jour entre les forts, voudraient tenter de pénétrer en ville (1). Un mur d'enceinte, de huit à dix mètres de haut, flanqué de quelques petits bastions ou porte-flancs, et précédé d'une zone découverte de 40 à 50 mètres de large, à partir du pied du mur, suffirait à ce rôle. »

Ainsi le maréchal Soult et le général Rogniat étaient l'un et l'autre parfaitement d'accord avec Vauban sur le système à adopter et sur les moyens à employer pour la défense efficace de Paris; et ces deux hautes capacités militaires étaient d'accord entre eux sur la nature des ouvrages et la ligne avancée à fortifier.

Ils étaient également d'accord sur ce point particulièrement controversé, que, d'après leur système de défense, *Paris n'étant plus exposé aux dangers d'un siége régulier*, une enceinte continue bastionnée n'était plus nécessaire, et qu'on pouvait se borner à une simple enceinte de sûreté.

---

(1) On peut assurer qu'ils n'arriveraient pas jusqu'aux portes de la ville, et surtout qu'ils ne sortiraient plus du camp dont ils auraient eu la témérité de franchir la ligne.

Ce système, on peut le dire avec assurance, était dans l'esprit de Napoléon : on peut en juger d'après ce qu'il a dit lui-même, ou ce qu'on lui a fait dire, sur cette grave question.

Opposera-t-on à ce système que la deuxième enceinte de Vauban était une enceinte continue, tandis que nous n'avons présentement que des ouvrages détachés pour la ligne principale de défense?

Mais certes une place à Saint-Denis, une à Charenton, une autre au Mont Valérien, ne sont pas simplement des ouvrages détachés : la sphère d'action de ces places se liera avec celle des forts par des fortifications permanentes sur tous les points où cela sera jugé nécessaire, et sur les autres par de bons retranchements; ce qui formera sans nul doute une ligne continue que l'ennemi ne se hasarderait pas à franchir, car il n'en sortirait pas. « Une ville défendue par 60,000 hommes de garde nationale à l'intérieur, et par une armée nombreuse à l'extérieur, n'est pas tenue de se clore hermétiquement comme un fortin de 500 hommes de garnison; par la raison surtout que si les lignes continues donnent plus de sécurité à la défense, elles ont aussi le grand inconvénient de gêner singulièrement les manœuvres d'attaque et les retours offensifs » (général Rogniat, *ouvrage précité*).

Qu'on ne vienne donc plus nous dire que, si Vauban revenait parmi nous, il ne changerait pas de système. Non sans doute, il ne changerait pas de système; seulement, connaissant l'esprit actuel de nos troupes et la tactique nouvelle de nos armées, il substituerait à sa seconde enceinte continue le camp retranché adopté par les chambres, flanqué de forts et forteresses, dispositif qui d'ailleurs obligerait l'ennemi à se livrer à plusieurs attaques réglées de siége, avant de pouvoir tenter de pénétrer dans le camp, tandis que n'ayant devant lui qu'une enceinte continue ordinaire, il n'aurait à faire qu'une seule attaque. Mais il est vrai que, dans l'un et l'autre cas, l'assaillant aurait encore à forcer des retranchements intérieurs et à passer sur le corps de nos troupes, ce qui ne serait pas facile, comme le dit le maréchal Soult.

Voilà donc les hautes capacités militaires de notre époque qui, d'accord avec Vauban, ne veulent prendre les moyens permanents de défense de Paris que le plus loin possible des murs de cette capitale, et qui, par suite, déclarent, toujours d'accord avec Vauban, **qu'ils ne veulent pas convertir Paris en une immense place de guerre par une enceinte de siége.**

Et quelle autorité viendrait-on désormais opposer à ces hautes illustrations militaires? Serait-ce la dernière commission de défense? M. le maréchal Soult, président du conseil, n'a-t-il pas déclaré à la chambre, dans la séance du 30 janvier, « *que si les dernières délibérations de cette commission recevaient de la publicité, elles tourneraient contre le système en discussion?* »

Ainsi donc la dernière commission de défense n'était pour rien dans le projet adopté par les chambres, tandis que toutes les commissions précédentes avaient présenté le même projet que celui du maréchal Soult et du général Rogniat.

On peut donc conclure de ces divers rapprochements :

1° Que le maréchal Soult et le général Rogniat sont en tous points d'accord avec Vauban pour les moyens de défense de Paris ;

2° Que le système adopté et mis à exécution pour cette défense est parfaitement dans les principes posés par Vauban ;

3° Que M. Arago, dans ses Lettres sur les fortifications de

Paris, est en opposition formelle avec ces mêmes principes, parconséquent avec Vauban.

Le système de défense de M. Arago étant ainsi condamné, il importe de démontrer que les principales propositions sur lesquelles il l'appuie ne sont nullement fondées.

PROPRIÉTÉS DES FORTS DÉTACHÉS,

ET CONCLUSION GÉNÉRALE.

Il résulte de l'examen qui précède, c'est-à-dire des principes de l'art défensif, du raisonnement et de l'expérience, qu'il importe essentiellement à la bonne défense, à la sûreté d'une place, de tenir constamment l'ennemi éloigné, et éloigné le plus possible et le plus longtemps possible, c'est-à-dire *toujours*, ainsi que le veulent tous les maîtres de l'art.

Or cet avantage ne peut sûrement s'obtenir qu'avec des forces actives proportionnées aux forces de l'ennemi et appuyées sur de bons ouvrages extérieurs.

C'est donc sur une première ligne d'ouvrages avancés que doit reposer la base d'un bon système de défense pour toute place de guerre, et particulièrement pour les grandes villes fortifiées, qui, comme Paris surtout, ne seront plus jamais, quoi que l'on fasse pour leur défense, *places de guerre, places fortes*, dans la véritable acception du mot.

Cette vérité ressort en son entier du projet de Vauban pour fortifier Paris et des principes posés par le maréchal Soult et le général Rogniat.

Cependant, en s'emparant de cette maxime de Cormontaigne, *Petites places, mauvaises places*, on vient préconiser l'enceinte continue et bastionnée de Paris, au point de déclarer *les forts détachés parfaitement inutiles*, « non susceptibles de résister au delà de sept à huit jours à une attaque en règle, et cependant pouvant tôt ou tard mettre nos libertés et nos vies, et le gouvernement lui-même, à la merci de quelques milliers de prétoriens, quelques milliers de soldats factieux. »

En effet les petites places sont de mauvaises places. Mais pourquoi sont-elles mauvaises? Ce n'est certainement pas qu'il soit beaucoup plus facile de faire brèche à leur petite enceinte qu'à une grande enceinte, mais bien parce que leur sphère d'action est nulle dans les opérations de la guerre, n'étant susceptibles ni d'arrêter un corps d'armée, ni de l'inquiéter s'il les laisse sur ses derrières. Dans le cas contraire, parce qu'avec peu de troupes une petite place peut immédiatement être investie, être incendiée au moyen d'obus ordinaires et autres projectiles incendiaires, tels présentement que les fusées de guerre, ce qui peut l'amener promptement à une capitulation.

Il n'en serait certainement pas de même des forts détachés, couvrant une place de guerre et défendant ses approches. Ces forts, quoique de petites dimensions, n'ont aucun des défauts des petites places isolées, et ils ne perdent aucune de leurs qualités, placés en avant de la grande enceinte de Paris : car personne n'admettra avec M. Arago que cette vaste enceinte puisse être abandonnée à sa simple garnison. Ainsi aucun des forts détachés de cette enceinte ne pourra être investi; point très-capital : tous auront toujours la plus grande liberté de communication avec la grande place, la place à laquelle ils se rattachent, et par conséquent entre eux. Tous les mouvements des corps d'armées occupant le vaste camp retranché sous la place se feraient sans obstacles et sans dangers, et un combat, une bataille entre deux forts ne pourrait qu'être à notre avantage.

Que l'ennemi puisse entreprendre le siége d'un fort, et

même de deux à la fois, nous l'admettons : les corps d'armée occupant le camp retranché seront toujours pour chacun d'eux en particulier un corps de réserve, constamment libre d'agir, et dont les fréquentes attaques, bien concertées et faites en moment opportun, pourront faire échouer tous les projets de l'assiégeant.

Pour soutenir son opinion contre les forts détachés, M. Arago met en avant le proverbe : *Petite place, mauvaise place.*

Et pour soutenir son système pour la défense de la vaste enceinte de Paris avec une simple garnison et sans ouvrages avancés, il combat l'adage : *Place assiégée, place prise;* et, à l'appui de ce dicton, il cite un grand nombre de places qui ont résisté à un siége réglé. On peut remarquer que dans ce nombre il se trouve des *petites places*.

Nous ne voulons certes pas conclure de cette remarque que M. Arago est en opposition avec lui-même; il l'est seulement avec les faits : car tout dépend des circonstances; ce qui conduit à conclure que dans une question aussi grave, aussi majeure, ce serait folie de s'en rapporter aux proverbes : suivons plutôt les règles de l'art et de la prudence.

Au surplus nous pouvons citer avec toute confiance à M. Arago un siége très-remarquable, dont l'issue vient merveilleusement à l'appui de notre opinion en faveur des forts détachés.

Ce siége est celui du fort de Kehl dans l'hiver de 1796.

Nous pourrions même y ajouter celui de Saint-Jean-d'Acre, en 1799.

Nous ne parlerons pas de ces deux siéges d'après des *ouï-dire*, mais d'après la connaissance parfaite que nous en avons, ayant coopéré au premier pour la défense, au second pour l'attaque. Ici encore nous ne pourrons que nous répéter (1).

« Le fort de Kehl, après la belle retraite de Moreau, résista pendant tout l'hiver aux efforts de l'armée autrichienne; armée qui pouvait se considérer comme victorieuse d'après la campagne qui venait d'avoir lieu, armée enfin qui était chez elle, et que rien, dans cette circonstance, ne pouvait inquiéter : avantage immense!

» Cependant le prince Charles ne put parvenir à en faire le siége dans les formes; et pourquoi? — D'abord parce que le fort se trouvait dans la sphère d'activité d'une grande place et ne pouvait être investi; ensuite parce que les troupes chargées de sa défense n'étaient point une garnison bloquée et isolée du reste de l'armée. Ces troupes se composaient des divisions Desaix et Saint-Cyr, formant la garnison de Strasbourg, dont un tiers seulement était de service; par conséquent ces troupes prenaient alternativement du repos, conservaient leur santé, leur vigueur et leur gaieté, et qu'avec de telles troupes les sorties étaient fréquentes et toujours couronnées de succès; enfin parce que la garnison de Strasbourg fut pour le fort de Kehl une sorte d'armée de secours dont l'action permanente pouvait rendre la défense indéfinie.

» Ainsi le généralissime autrichien fut réduit à employer, pendant deux grands mois, une artillerie nombreuse et formidable à canonner, à bombarder le fort, qui en effet était écrasé de projectiles, mais qui n'en tenait pas moins : tout ce fracas était en pure perte. Et pourquoi encore? — Parce que

---

(1) *Essai sur les véritables principes de la défense des places, et l'application de ces principes.* Paris, 1838, chez Corréard, éditeur d'ouvrages militaires.

ce fort était une place *absolument militaire*, n'ayant conservé ni habitants, ni habitations; parce qu'il ne renfermait aucun établissement, pas même un magasin à poudre dont l'explosion fût à redouter; parce qu'enfin, l'assiégeant ayant toujours été tenu éloigné, les ouvrages du fort et même son artillerie ne souffrirent que médiocrement du feu des nombreuses batteries assaillantes. Le général français ne consentit à abandonner cette tête de pont que parce que ce mouvement lui convenait pour ses projets ultérieurs; et si le fort lui-même ne fut pas détruit, c'est évidemment parce qu'il convenait encore au général français de le conserver. »

Notre honorable adversaire n'admettra pas sans doute qu'il y ait parité entière entre la position du fort de Kehl et les forts détachés de l'enceinte de Paris. Cependant, en supposant que le Rhin n'ait point existé entre Strasbourg et le fort, qu'aurait fait de plus l'armée autrichienne? elle n'aurait toujours pu investir le fort. Aurait-elle bloqué ensemble et le fort et la place? c'eût été difficile, pour ne pas dire impossible. Le seul parti à prendre eût été d'attaquer la place même; mais alors les difficultés augmentaient singulièrement. De combien ces difficultés ne se seraient-elles donc point accrues pour l'armée assiégeante, si, dans la même hypothèse, un second fort seulement eût existé en avant du front de l'enceinte de Strasbourg opposé à Kehl! Le fleuve, dans l'exemple que nous citons, fut donc pour l'armée autrichienne, moins un obstacle qu'une garantie.

Il est donc de la plus grande évidence que les forts détachés de toute grande place de guerre, spécialement ceux de l'enceinte bastionnée de Paris réunissent toutes les conditions de résistance que l'armée française trouva dans le fort de Kehl en 1796; et bien plus encore, car les batteries des forts détachés de l'enceinte de Paris sont casematées, ce qui est un avantage immense, avantage que n'offrait pas la fortification du fort de Kehl.

Quant au siége de Saint-Jean-d'Acre par le général Bonaparte, nous pouvons répéter avec toute assurance (1) que, même après les fautes énormes qui y furent commises, les assiégés ne durent leur salut qu'à leur libre communication avec la mer; c'est donc à dire au non-investissement de la place.

« On a beaucoup vanté l'influence de l'ancien officier d'artillerie française Phélippeaux dans les résultats du siége de Saint-Jean-d'Acre. Celui-ci, antagoniste politique du général Bonaparte, aurait été, par son activité, ses savantes dispositions, le principal instrument du triomphe de Djezzar et par suite des Anglais. En cela on a usé très-largement de la liberté qu'on a eue d'exagérer les choses. Un des plus grands avantages des assiégés était évidemment leur libre communication avec la mer. Or cet avantage était immense : une place assiégée, qui a ses communications libres au dehors; qui peut remplacer, pour ainsi dire à volonté, ses munitions, ses vivres, évacuer ses blessés, ses malades; qui peut recevoir des renforts, renouveler même sa garnison sans nul empêchement, et renvoyer hors de ses murs toutes les bouches inutiles; cette place, disons-nous, peut certainement être réputée imprenable.

Or, tout cela se faisait à Saint-Jean-d'Acre avec les secours des flottes turque et anglaise. Il y a donc eu similitude entre les siéges de Kehl et de Saint-Jean-d'Acre.

---

(1) *Relation de la campagne de Syrie, spécialement des siéges de Jaffa et de Saint-Jean-d'Acre, par un officier d'artillerie de l'armée d'Orient.* Paris. 1839, chez Corréard, éditeur d'ouvrages militaires.

Donc ce qui s'est fait pour la défense dans ces deux siéges peut se faire pour la défense des forts détachés de l'enceinte continue de Paris, puisque ces forts se trouvent dans des conditions analogues.

Ces forts peuvent donc évidemment garantir la capitale des dangers d'un bombardement, d'un siége en règle, et d'un blocus comme l'a voulu Vauban, comme le veulent le maréchal Soult et le général Rogniat.

QUESTION POLITIQUE.

Quant à la question politique qui se rattache aux forts détachés, elle tombe véritablement devant le plus simple examen.

On qualifie les forts détachés de *citadelles*. Rien n'est moins fondé que cette qualification.

Une citadelle est généralement le réduit d'une place de guerre, c'est-à-dire que la garnison forcée dans la place se retire dans la citadelle. Là, non-seulement elle continue à s'y défendre, mais encore elle peut battre la place occupée par l'ennemi. Telle est la principale raison pour laquelle les places fortes sont sous le canon de leurs citadelles.

Aujourd'hui ce système doit être abandonné : les places fortes ne sont plus que des places de guerre très-populeuses, et, au lieu d'être la véritable place de siége, elles ne doivent plus en être que le réduit : de là le système des forts détachés. Ainsi les forts détachés ne doivent pas battre la place comme la bat une citadelle; aussi sont-ils placés au delà de toute portée de canon, mortier ou obusier. Cela est du moins bien évident pour les forts détachés de l'enceinte de Paris, situés généralement à plus de 6,000 mètres de la place.

Donc les forts détachés de l'enceinte de Paris ne sont pas des citadelles.

D'un autre côté, l'armée, en France, est avant tout, nationale : il n'y a certes pas à craindre qu'aucune partie de cette armée pût jamais prêter son appui à un parti antinational, à une faction qui serait opposée aux libertés ou aux intérêts matériels ou politiques du peuple français.

Il peut y avoir des partis en France, mais il n'y aura plus jamais de guerre civile. Ces temps de barbarie sont passés.

Et d'un autre côté, un gouvernement qui invoquerait le canon et les baïonnettes pour imposer des lois à la nation, un gouvernement qui ferait tirer sur le peuple se suiciderait. Nous en avons l'exemple dans la révolution de juillet.

Un tyran ne sera jamais possible en France.

Rassurons-nous donc complétement à ce sujet ; gardons-nous bien de voir des *citadelles*, des instruments de despotisme et de tyrannie, dans des fortifications qui au contraire sont la sauvegarde de nos libertés et de notre indépendance nationale, qui doivent au besoin et peuvent sûrement dans l'occasion garantir la capitale, sa nombreuse et brave population, **des dangers d'un bombardement, d'un siége en règle, d'un blocus.**

www.ingramcontent.com/pod-product-compliance
Lightning Source LLC
LaVergne TN
LVHW020253230826
846091LV00006B/2382
* 9 7 8 2 0 1 2 4 5 9 3 2 8 *